Wondu und die Eiszeitriesen

AF285506

Die Erde vor
15.000 Jahren

Joe Lillington hat in London Illustration studiert und lebt zurzeit in Bristol.
Er lässt sich gerne von historischen Gemälden und von Holzschnitten inspirieren, liebt
aber auch Comics. *Wondu und die Eiszeitriesen* ist sein erstes Bilderbuch.

Die Maße im ganzen Buch sind ungefähre Angaben.
Der Name Wondu bezieht sich auf das indogermanische wondhos (Haar).
Begriffe mit * werden im Anhang erläutert.

Dieses Buch ist erhältlich als:
ISBN 978-3-407-76262-7 Minimax

MIX
Papier aus verantwor-
tungsvollen Quellen
FSC® C089473

FSC
www.fsc.org

© 2023 Beltz & Gelberg
in der Verlagsgruppe Beltz • Weinheim Basel
Werderstraße 10, 69469 Weinheim
Alle Rechte für diese Ausgabe vorbehalten
© 2015 Flying Eye Books, an imprint of Nobrow Ltd., London
Text und Illustration: © Joe Lillington 2015
Typografie: Manuel Süess, Zürich
Die erste Ausgabe in deutscher Sprache erschien © 2015 Atlantis
Atlantis in der Kampa Verlag AG, Zürich
Druck und Bindung: Beltz Grafische Betriebe, Bad Langensalza
Beltz Grafische Betriebe ist ein klimaneutrales Unternehmen (ID 15985-2104 -100).
Printed in Germany
1 2 3 4 5   27 26 25 24 23

Weitere Informationen zu unseren Autor:innen und Titeln finden Sie unter: www.beltz.de

Joe Lillington

WONDU und die Eiszeitriesen

Aus dem Englischen von Caesar Claude

Seit Millionen von Jahren gab es immer wieder Eiszeiten.
Dann war es sehr kalt, und auf der Nordhälfte der Erde
war das meiste Wasser gefroren.
Riesige Gletscher* überzogen das Land.
Vor etwa 20.000 Jahren war bei uns noch Eiszeit.
Damals lebten auf jedem Erdteil riesige Tiere, die gut
an die Kälte angepasst waren.
Eine dieser Arten war der Steppenbison.

Wondu, der kleine Bison, lebte in der eiszeitlichen Tundra,
einer weiten und kalten Grasebene.
Eines Tages beschloss er, in die Welt hinauszuwandern
und die Eiszeitriesen zu treffen.
Also lief er los.

BELTZ
& Gelberg

Aber weit kam Wondu nicht.
Er stieß gegen etwas Hartes.

»*Autsch!*
Pass doch auf!«

> »Wer bist du?
> Warum hast du vorne
> ein so großes Horn?«

> »Ich bin ein Wollhaarnashorn.
> Mein Horn brauche ich zum
> Kämpfen. Willst du einen
> Kampf?«

> »Sicher nicht!«,
> sagte Wondu.

Wollhaarnashorn

Coelodonta antiquitatis

Größe	3 – 3,8 m lang, 2,2 m hoch; zwei Hörner von 60 cm und 90 cm Länge
Gewicht	2.700 kg
Nahrung	Gräser, Seggen* und andere Pflanzen
Lebensraum	Steppentundra und Polarwüste im nördlichen Europa und Asien
Ausgestorben	vor 8.000 Jahren

Ein Wollhaarnashorn war ein wenig größer als das heutige Breitmaulnashorn. Sein dickes Fell schützte es vor der Kälte. Die Wollhaarnashörner brauchten ihre Hörner zum Kämpfen mit Artgenossen. Im Winter konnten sie damit aber auch den Schnee wegschaufeln, um Nahrung zu finden.

»Hallo, ich bin Wondu. Du hast gewaltige Krallen! Möchtest du auch kämpfen?«

»Hallo, Wondu. Ich bin ein Riesen- faultier. Ich möchte überhaupt nicht kämpfen. Ich benutze meine Krallen nur, um Futter zu suchen.«

Riesenfaultier
Megatherium americanum

Größe	6 m lang, 3,4 m hoch
Gewicht	3.450 kg
Nahrung	Blätter, Zweige und Früchte
Lebensraum	Trockene Gebiete und Savannen in Südamerika
Ausgestorben	vor 10.000 Jahren

Das Riesenfaultier gehörte zu den Bodenfaultieren, die mit den heutigen Baumfaultieren verwandt sind. Es war aber viel größer und zählte sogar zu den größten Säugetieren der Eiszeit.
Wenn es sich aufrichtete, stützte es sich mit dem Schwanz ab. So erreichte es auch höher gelegene Äste.

Wollhaarmammut

Mammuthus primigenius

Größe	2,7 – 3,5 m hoch
Gewicht	3.000 – 5.500 kg
Nahrung	Gräser, Seggen und andere Pflanzen
Lebensraum	Steppentundra von Nordamerika, Europa und Asien
Ausgestorben	vor 4.000 Jahren

Ein Wollhaarmammut war etwa gleich groß wie ein Afrikanischer Elefant, aber seine Ohren und der Schwanz waren kleiner. Sein dickes Fell schützte es vor der Kälte. Wollhaarmammute lebten in Familiengruppen wie die heutigen Elefanten. Sie waren über den größten Teil der nördlichen Erdhalbkugel verbreitet.

»Mein Fell juckt. Deshalb kratze ich mich am Fels.«

»*Tja.* Ich bin ein
Riesengürteltier.
Und ich bin langsam.
Könntest du mit so einem
schweren Panzer rennen?«

Riesengürteltier

Glyptodon reticulatus

Größe	1,5 m hoch
Gewicht	1.800 kg
Nahrung	gemischte Gras- und Blätternahrung
Lebensraum	Nord- und Südamerika
Ausgestorben	vor 11.000 Jahren

Das Riesengürteltier war mit heute
lebenden Tieren wie Ameisenbären und
Gürteltieren verwandt, aber es war viel
größer. Es hatte einen Panzer wie die
Schildkröten, um sich vor Raubtieren*
zu schützen. Der Panzer konnte bis 5 cm
dick werden.

»*Ähm –*
warum hast du so
große Zähne?«

»*Ah!*
Schnell weg!«

Säbelzahntiger

Smilodon fatalis

Größe	1 m hoch, 1,75 m lang, Schwanz 35 cm
Gewicht	160 – 280 kg
Nahrung	Bisons, Riesenfaultiere, manchmal junge Mammute
Lebensraum	Nordamerika und Küsten Südamerikas
Ausgestorben	vor 13.000 Jahren

Säbelzahntiger waren wichtige Raubtiere in der Eiszeit. Man nennt sie Säbelzahntiger, obwohl sie nicht näher mit den Tigern verwandt waren. Sie hatten etwa die Größe der heutigen Löwen, aber sie waren viel kräftiger.
Ihre Zähne wurden bis 18 cm lang, und sie konnten ihr Maul viel weiter öffnen als ein Löwe.

»Du schon wieder,
Säbelzahntiger?
Wohin gehst du?«

»Aus dem Weg, du großer,
fetter Bär!
Da läuft mein Essen!«

Riesen-Kurzschnauzenbär
Arctodus simus

Größe	1,7 m Schulterhöhe
	3,3 m stehend
Gewicht	1.000 kg
Nahrung	große Tierkadaver, Pflanzen
	und Kleinsäugetiere
Lebensraum	Grasland und Bergebiete
	in Nordamerika
Ausgestorben	vor 10.000 Jahren

Riesen-Kurzschnauzenbären waren die größten land-lebenden Fleischfresser im Pleistozän*. Sie waren größer als alle heute lebenden Bären. Weil sie so groß waren, konnten sie auf der Suche nach Nahrung weite Strecken zurücklegen.

Riesenkondor

Argentavis magnificiens

Größe	Flügelspannweite 4–5 m; stehend 0,75 m hoch
Gewicht	23 kg
Nahrung	Gürteltiere, Nagetiere, Beutelratten und Wasserschweine
Lebensraum	Nordamerika
Ausgestorben	vor 10.000 Jahren

Die Riesenkondore gehörten zu den größten Vögeln aller Zeiten. Ihre Flügelspannweite betrug bis 5 m. Das ist mehr als beim Albatros, dem Vogel mit der größten Flügelspannweite heute. Auf der Jagd konnten die Riesenkondore weite Strecken zurücklegen. Hatten sie ihr Ziel erspäht, glitten sie hinunter. Sie ergriffen, töteten und fraßen ihre Beute*, ohne zu landen.

»Zum Glück!«

»Ich bin's nur!
Und ich will wieder
nach Hause.«

Frühmensch

Homo sapiens

Größe	bis 1,5 m
Gewicht	durchschnittlich 45 kg
Nahrung	Fleisch und Pflanzen
Lebensraum	Zur letzten Eiszeit* hatten sich die Menschen schon über die ganze Welt verbreitet.

Die Menschen der Eiszeit sahen aus wie wir, aber sie waren viel kleiner, und sie lebten ganz anders als wir.
Sie waren Nomaden*: Um in den verschiedenen Jahreszeiten Nahrung zu finden, mussten sie weit umherwandern.
Die Eiszeitmenschen waren sehr gute Jäger und nutzten alle Teile eines erlegten Tieres. Mammutfelle, Stoßzähne und Knochen dienten ihnen zum Bau von Hütten. Sie nähten die Felle zusammen und stellten daraus wärmende Kleider her.
Die Menschen der Eiszeit hatten begonnen, Hunde zu zähmen. Diese bewachten die Lager und halfen mit ihrem scharfen Geruchssinn bei der Jagd.

»Schon zurück, Wondu?
 Wie war dein großes Abenteuer?«

»Jetzt bleibe ich ein wenig bei dir ...«

Steppenbison

Bison antiquus

Größe	2,1 – 2,3 m hoch;
	4,6 m lang;
	Abstand der Hornspitzen 1 m
Gewicht	450 kg
Nahrung	Gräser, Seggen und andere Pflanzen
Lebensraum	Nordamerika, Europa und Asien
Ausgestorben	vor 8.000 Jahren

Der Steppenbison wird manchmal auch Urbison genannt. Er war der direkte Vorfahre des heute lebenden Amerikanischen Bisons. Bisons bilden Herden, und während der Eiszeit lebten sie gemeinsam mit dem Wollhaarmammut, dem Wollhaarnashorn und anderen Großtieren. Man nennt dies eine Megafauna*.
Die Amerikanischen Bisons haben bis in die Neuzeit überlebt. Sie wurden aber im 19. Jahrhundert durch die weißen Siedler beinahe ausgerottet.
Dank strenger Schutzmaßnahmen hat sich der Bisonbestand heute wieder erholt.

»… aber später will ich noch mehr Riesentiere kennenlernen!«

Vor etwa 10.000 Jahren ging die letzte Eiszeit zu Ende. Viele der erstaunlichen Tiere, die während dieser Zeit lebten, starben aus. Paläontologen* sind der Meinung, dass das Aussterben hauptsächlich durch die Veränderung des Klimas und der Pflanzenwelt verursacht wurde.

Wie groß bist du im Vergleich mit den Eiszeitriesen?

5 m

4 m

3 m

2 m

1 m

Du!

Wondu
1 m

Riesenkondor
0,75 m
Flügelspannweite
5 m

Säbelzahntiger
1 m

Riesengürteltier
1,5 m

Riesen-Kurzschnauzenb.
1,7 m
stehend 3,3 m

Frühmensch
bis 1,5 m

Wollhaamashorn
2,2 m

Steppenbison
2,3 m

Riesenfaultier
3,4 m

Wollhaarmammut
3,5 m

Es gab noch andere riesige Eiszeittiere, denen Wondu diesmal nicht begegnete:

Riesentapir
Megatapirus augustus

Mastodon
Mastodon americanum

Irischer Riesenhirsch
Megaloceros giganteus

Macrauchenia
Macrauchenia patachonica

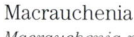

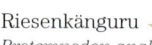

Riesenbiber
Castoroides leiseyorum

Riesenkänguru
Protemnodon anak

Höhlenhyäne
Crocute crocuta spelaea

Donnervogel
Genyornis newtoni

Riesenwaran
Megalania prisca

* Worterklärungen

Gletscher	Ein großes Eisfeld, das ständig in Bewegung ist und die Landschaft formt.
Seggen	Sauergräser, die auch in kalten Gebieten wachsen können.
Raubtier	Ein Tier, das andere Tiere jagt und frisst.
Pleistozän	Die Zeit zwischen 2.500.000 und 10.000 Jahren vor der heutigen Zeit.
Beute	Ein Tier, das gefressen wird.
letzte Eiszeit	Die Zeit, in der Wondu lebte.
Nomaden	Eine Gesellschaft, die ständig umherwandert und keinen festen Wohnsitz hat. Die Frühmenschen lebten nomadisch.
Megafauna	Großtiere, die zur selben Zeit im gleichen Gebiet leben.
Paläontologe	Ein Wissenschaftler, der ausgestorbene Lebewesen erforscht.

Natürlich wäre es für einen kleinen Steppenbison in Wirklichkeit nicht möglich gewesen, so weit zu reisen. Vorne im Buch auf der Weltkarte kannst du aber nachschauen, wo die verschiedenen Tiere lebten.

In der Reihe

MINIMAX
sind über 150 Titel lieferbar, unter anderem diese:

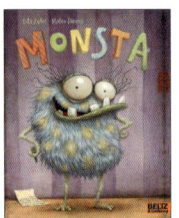

Dita Zipfel
Monsta
978-3-407-76259-7

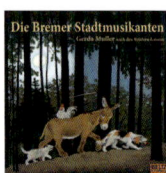

Gerda Muller
**Die Bremen
Stadtmusikanten**
978-3-407-76260-3

Martin Baltscheit
**Die Geschichte vom
Löwen, der nicht
kochen konnte**
978-3-407-76254-2

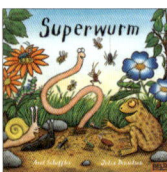

Axel Scheffler /
Julia Donaldson
Superwurm
978-3-407-76251-1

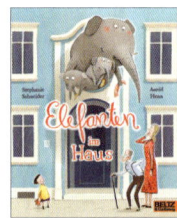

Stephanie Schneider
Elefanten im Haus
978-3-407-76252-8

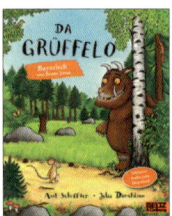

Axel Scheffler /
Julia Donaldson
**Da Grüffelo
Bayerische Ausgabe**
978-3-407-76256-6

Thomas M. Müller
Apfelsaft holen
978-3-407-76253-5

Stephanie Blake
Pipikack
978-3-407-76258-0

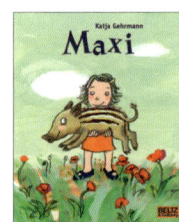

Katja Gehrmann
Maxi
978-3-407-76255-9

Susanne Göhlich
**Mein Elefant will
nicht ins Bett**
978-3-407-76261-0

Außerdem ist »Der Grüffelo« in folgenden Ausgaben erhältlich:
»Der Grüffelo« Schweizerdeutsche Ausgabe: 978-3-407-76208-5
»Der Grüffelo« Kölsche Ausgabe: 978-3-407-76215-3
»Dr Grüffelo« Schwäbische Ausgabe: 978-3-407-76216-0
»De Grüffelo« Plattdeutsche Ausgabe: 978-3-407-76207-8

Alle MINIMAX Titel finden Sie auf unserer Homepage:
www.beltz.de/minimax